Sky And Earth

CIELO Y TIERRA

Poems~Poemas

Christina Watkins

Library of Congress Control Number: 2010907506
ISBN: Softcover   978-1-4535-0915-9
                 Ebook   978-1-4535-0916-6

This book was printed in the United States of America.

Front cover photo by Christina Watkins
October 2009 — North Rim, Grand Canyon

To order additional copies of this book, contact:
Xlibris Corporation
1-888-795-4274
www.Xlibris.com
Orders@Xlibris.com
80699

For David, my beloved.

"A mi amado David"

Contents

Indice

Acknowledgements

My thanks to many friends who kindly and patiently helped me find the best Spanish words for these poems and to Lupita Rivera for her excellent proof-reading. I am also grateful to the professional translator for having greatly improved my translations, especially their poetic quality in Spanish. He wishes to remain anonymous. Australian-born illustrator has done a beautiful job. It is a blessing to have had such help from friends with this book.

Agradecimiento

Quiero expresar mi gratitud a mis buenos amigos quienes amable y pacientemente me ayudaron a encontrar las palabras adecuadas para la traducción de estos poemas. Al traductor profesional, quien prefiere permanecer anónimo, por haber perfeccionado las traducciones especialmente la calidad poética en español. A Esperanza Rivera por sus excelentes correcciones. A la ilustradora australiana Lucie Billingsley por el estupendo trabajo realizado. Es de gran bendición haber tenido la colaboración de amigos en la edición de este libro.

Sky and Earth

Cielo y tierra

The Ancients Say

The ancients say
sky and earth are married.
Breezes and blossoms
volcanoes and tornadoes
are born of their intimacy.
Incessant changing and eternal touching
are part of purpose.
We who touch and part
share a purpose of the heart.

Dicen los antepasados

Dicen los antepasados
que el cielo y la tierra
están casados.
La brisa y las flores,
los tornados y los volcanes
nacen de su intimidad.
El cambio incesante y
la unión eterna
participan en el propósito.
Nosotros que nos tocamos
y luego nos separamos
compartimos el mismo anhelo del corazón.

Close Together

Close together
sky and earth.
Strength and weakness
are reversed.
Winter warmth too deep
for talking.
Springtime ice too thin
for walking.
Deathly hunger.
Living bread.
Wisest travelers starlight led.

Estrechamente unidos

Estrechamente unidos
el cielo y la tierra.
La fuerza y la debilidad
se trastruecan.
El calor del invierno
es demasiado intenso para dejarnos hablar.
El hielo de la primavera
muy delgado para caminar.
Hambre mortal.
Pan vivo.
Sabios viajeros guiados por la luz de las estrellas.

Wind Whispers

Wind whispers stories of kinship to everything.
Angels descend into ordinary places.
Seagulls and osprey shake their wings and rise.
Pelicans and kestrels drop like shots.

Angels descend into ordinary places.
Egrets and ibis glide forward on stick legs.
Pelicans and kestrels drop like shots.
Comets and other nebulae swirl on unnoticed.

Egrets and ibis glide forward on stick legs.
Seagulls and osprey shake their wings and rise.
Comets and other nebulae swirl on unnoticed.
Wind whispers stories of kinship to everything.

El viento susurra

El viento susurra su comunión con todo el mundo.
Los ángeles descienden a los lugares ordinarios.
Las gaviotas y las águilas sacuden sus alas y ascienden.
Los pelícanos y los halcones se despeñan como balas.

Los ángeles descienden a los lugares ordinarios.
Las garzas y los ibis se deslizan con patas de palo.
Los pelícanos y los halcones caen como balas.
Los cometas y las nebulosas se remolinean inadvertidos.

Las garzas y los ibis se deslizan con patas de palo.
Las gaviotas y las águilas sacuden sus alas y ascienden.
Los cometas y las nebulosas se remolinean inadvertidos.
El viento susurra su comunión con todo el mundo.

Calling

I hear
birds on branches
calling softly to me,
"Come closer, come over, come in."
I'm here.

Llamando

Oigo
llamándome
los pájaros en las ramas
"Acércate a nosotros, ven, entra."
Aquí estoy.

Towards Phoenix

If you go west to Phoenix
you may have to give up green.
So as you go
consider

soft full branches.
Remember berries
bursting in the tasting.

West may yet win you
with tumbleweed sparseness and
wind-swept largeness.

You may see sky's starry cover as
brown earth's night-dressed lover.
You may learn to love the west.

Hacia Phoenix

Si vas al oeste hacia Phoenix
aprenderás tal vez a abandonar lo verde.
Así que mientras te vas,
fíjate en
las ramas suaves.
Acuérdate
de las bayas
deleitándose en tu paladar.

Quién sabe,
el oeste tal vez acabe por atraerte
con sus escasas hojarascas y
su grandeza azotada por el viento.
Tal vez acabes por ver el cielo
sembrado de estrellas
tal como el amante de la tierra morena
llevando sus vestidos nocturnos.
Tal vez aprendas a enamorarte del oeste.

Peace

It comes now in the wind
fresh, moving the grasses
spreading seeds and unsettling earth
to give them cover.

Its fragrance changes as it takes root
takes space and pushes its way
up and into the field.

Nothing stops it.

We are the witnesses
and the wind
the wide sky, the sunshine
the moist places
the bright wild green array.

Paz

Llega abrazada al viento
fresco aliento
por los pastos ondulando
y a la tierra revuelta
semillas ofreciendo esparcidas.

Cambia su aroma desde las raices
hasta el espacio arriba lista
y el campo luego germinado.

Nada la detiene.

Testigos somos
y el viento
el cielo abierto, el sol radiante
la húmeda pradaría
y el resplandor del paisaje.

Into the Blue

Hacia al azul

To My Mother

Could we talk about the garden
while we have another day?
Do the roses need more pruning
should the chairs be put away
should we speak about next summer
though I know you cannot stay
do forget-me-nots need water
should I water every day?
I've always meant to ask you
what you wanted me to plant
in the corner by the fence
where the sunshine's rather scant.
More lovely border flowers
or are the wild ones best?
But you really needn't tell me
for I see you need to rest.
And you've shown us very well
all that you know best.
So rest now Mother
rest.

A mi madre

¿Y si habláramos del jardín
mientras vivimos otro día?
¿Las rosas, hay que podarlas de nuevo,
o arreglar las sillas ?
¿Quieres hablar del próximo verano
aunque yo sepa que no puedes quedarte?
¿Las nomeolvides necesitan agua,
debo regarlas cada día ?
Siempre quise preguntarte qué quieres que yo plante
en el rincón de la valla
donde los rayos de sol escasean.
¿Más flores llamativas en el borde
no serían las flores más hermosas?
Pero realmente no necesitas decírmelo,
sino que sí necesitas descansar.
Pues nos has demostrado muy bien
eres la que más sabe.
Así que, ahora descansa, Madre,
descansa.

Necklaces

A woven gold circle hangs
on a thin gold wire around my neck.
It was my mother's.
These days I choose to wear this
birth-shaped womb message.

Christmas energy counts
bright and abundant, noisy and messy
belonging to life among living family.
My mother knew that.

Most often
I wear a gold cross
shape of what love costs
with a circle at its center.

Los collares

Un círculo tejido de filimentos de oro
cuelga de mi cuello por un alambre delgado.
Era de mi madre.
Estos días eligo llevar este mensaje,
la configuración de la matriz.

La energía de la Navidad vale.
Es luminosa, copiosa, ruidosa — desaseada.
Pertenece a la vida vibrante de la familia.
Mi madre lo supo.

Muy a menudo, llevo un collar con la cruz en oro —
la forma de lo que el amor cuesta —
con un círculo al centro.

This One

A prompt from our light — large-selves
taps our shoulders saying:
This one, this one.
You will care what happens to this one
in ways that will lead you.
This one will be honey in your heart.
This one, with the usual imperfections,
will be worth whatever it takes.
For this one you will never count the cost.
This one is in another currency.

Este

Recuerdas la luz del alma,
tocándote ligeramente los hombros:
Este, éste es a quién cuidarás
y te guiará hacia tu meta.
Este será la miel en tu corazón.
Este con sus imperfecciones habituales
valdrá la pena.
A éste nunca le cobrarás nada
porque no habla el idioma de las monedas.

Love-speak

If I speak when I am angry
winter is in my words.
Ice makes what has been green
brittle and grey.
Words stay clear once they are in the air.
Words are too solid.
So I will keep a working silence
until I can speak with love.

Amor-hablando

Si hablo cuando estoy enojada
el invierno está en mis palabras.
El hielo convierte todo lo verde
en frágil y gris materia.
Las palabras permanecen claras
una vez en el aire.
Las palabras son demasiado sólidas.
Me mantendré en silencio
hasta que sepa hablar con amor.

Small Brown-Eyed Boy

Small brown-eyed boy
conceived in rapture and delight
thrust out of your mother's womb
bathed in water, pain and blood,
I dream you.
It is you who trigger
the tenderness in your father's smile.
It is for you
that your mother softly sings
as she prepares supper for you
who play nearby in the dirt
sifting your imagination
for clues to your promise.
Years later, I read of you in a magazine:
". . . forced into a truck
by a group of unidentified men
. . . taken to an empty lot,
tortured, mutilated and murdered."
Was your mother's name Maria?
Was your father's name Jose?

Niño con ojos oscuros

Niño con ojos oscuros
concebido en deleite y éxtasis
sacado fuera del vientre de tu madre
bañado en agua, dolor y sangre,
sueño contigo.
Eres tú quien le provocas
una tierna sonrisa a tu papá.
Es para ti que canta dulcemente tu madre
mientras juegas cerca con la tierra
cerniéndole la imaginación para encontrar
las huellas de tu mañana.
Años después cuando ya eras hombre
leí de ti en una revista . . .
"arrojado en un camión
por hombres sin identidad,
llevado a un desolado lugar
para sufrir tortura, mutilación y acabar asesinado.
¿Se llamaba tu madre María?
¿Tu padre se llamaba José?

Far Traveler

For Angelo Stavros Lozano
(born April 13, 2007)

I dream a rider-less white stallion in our garden.
He stands knee deep in red and yellow tulips.
His glow is of deepest morning stars.
By his cloak I know he is a far-traveler.

He stands knee deep in red and yellow tulips.
What do those who pass by our garden see?
By his cloak I know he is a far-traveler.
The baby enters the house through our garden door.

What do those who pass by our garden see?
The far-traveler is with us in our sea of stars.
The baby enters the house through our garden door.
I wonder what dreams will light his way?

Un viajero lejano

Para Angelo Stavros Lozano
(nacido el trece de abril de 2007

Veo en sueños un caballo blanco solo en nuestro jardín.
Parado en medio de los tulipanes rojos y amarillos.
Su luz mana de las estrellas más distantes de la mañana.
Por su manto, yo sé que es un viajero lejano.

El se para en medio de los tulipanes rojos y amarillos.
¿Qué ven los que pasan por nuestro jardín?
Por su manto, yo sé qué es un viajero lejano.
El niño entra a la casa por la puerta de nuestro jardín.

¿Qué ven los que pasan por nuestro jardín?
El viajero nos acompaña en nuestro mar de estrellas.
El niño entra a la casa por la puerta de nuestro jardín.
¿Qué sueños alumbran su camino?

Witness

As if I had a gypsy gene
I go walkabout
or on safari.
I'm a backpacker,
even when I'm home
a witness
to where I've been
what I've seen
what I remember
and what is new.

Testiga

Como si sangre gitana tuviera
vagabunda me pierdo
en paseos o safaris.

Mochilera soy
aun cuando en casa me quedo,
testiga yo
del mundo recorrido
de todo lo visto
recordado
o es nuevo y desconocido.

Dancing

Bailando

Wild Mysterious

In the open Arizona desert
'La Casa de Paz y Bien'
a monk in his rough—spun brown robe
salsas up the aisle after the service.
He is light on his feet and nearly floating
in his love for the dance.
We sense his wild mysterious partner.

Salvaje misterioso

En la soledad del desierto
'La Casa de Paz y Bien'
un monje en su burdo hábito marrón
sale bailando por el pasillo después del oficio de la misa
sus pies ligeros casi flotando
movidos por su amor al baile y
por la misteriosa y salvaje presencia
de su pareja.

Spaces

Sometimes when I am dancing
I realize there are spaces beneath my shoes
sometimes pink, sometimes blue
sometimes yellow or green spaces.
This happens when I have forgotten
there is a floor.

Espacios

A veces cuando bailo
vislumbro espacios debajo de mis zapatos
a veces rosas, a veces azules
a veces amarillos y verdes.
Esto me pasa cuando olvido
que hay un piso.

Western Dancing

Under Colorado's wide sky
where celebrated priests preside in cowboy boots
and women wear diamond necklaces with their jeans
we see a sign for Western Dancing.
It's just the foxtrot in boots
on a dance floor shaped like a hockey rink.
Men move always forward
while women step backwards
except for the occasional twirl
when a glimpse of the other view is possible.

Baile del oeste

Bajo el amplio cielo de Colorado
donde famosos sacerdotes predican en botas de vaquero
y mujeres llevan collares de diamantes con sus jeans
vemos un letrero para el Baile del Oeste.

No es más que el fox-trot en botas
sobre un piso en forma de pista de hockey.
Los hombres se mueven siempre hacia adelante
mientras que las mujeres dan pasos hacia atrás
a excepción de un giro ocasional
cuando es possible mirar en sentido contrario.

Why Bother With The Tango

Dockside over appetizers
chili encrusted calamari with chilled Chablis
I try to kindle in him desire to dance with me.
I mention the tango
the drama of being close yet not speaking
the glide forward and back
the rise and the fall of it
lightening and mending all that has come apart.
He says, 'Why bother with the tango?'

¿Por qué molestarnos con el tango?

Mientras tomamos aperitivos
calamares piscos con vino blanco
esperando encender en él un deseo de bailar conmigo
menciono el tango
el drama de estar tan cerca aúnque sin palabras
deslizar hacia adelante y atrás
ir y venir en el tiempo
aliviando y enmendando todo lo destruido.
El dice '¿Por qué molestarnos con el tango?'

East Says

East says set the second half of life aside for ecstasy.
What better prospect than to be a dancer?
Some say St. Paul was reading in the roadside shade.
I have begun to feel the urge to drown my books.

What better prospect than to be a dancer?
Wind is handing out invitations at the door.
I have begun to feel the urge to drown my books.
Retreats are being offered in wild-mind.

Wind is handing out invitations at the door.
Some say St. Paul was reading in the roadside shade.
Retreats are being offered in wild-mind
East says set the second half of life aside for ecstasy

El este dice

El este dice reserva mitad de la vida para el éxtasis.
¿Hay mejor porvenir que el de ser bailarín?
Algunos dicen que San Pablo leía a la sombra del camino.
Sentí la urgencia de ahogar mis libros.

¿Hay mejor porvenir que el de ser bailarín?
El viento reparte invitaciones a la puerta.
Sentí la urgencia de ahogar mis libros.
La mente salvaje ofrece refugios.

El viento reparte invitaciones a la puerta.
Algunos dicen que San Pablo leía a la sombra del camino.
La mente salvaje ofrece refugios.
El este dice reserva mitad de la vida para éxtasis.

Dancing With Julio

He comes in wearing sunglasses
baseball cap, shorts, T-shirt
sits on the stage
putting on black sneakers
with elevated arches
selects our music.

With his back to us it begins.
We all show up in the mirrors.
Shoulder shrugs
straight up and down.
Shaking shoulders
so our muscles ripple
front and back.
Flexion-extension
plié and reverse-plié
swan dives to our toes.
Hips in four directions
eight counts each side
then undulate circles.
Some wide stepping
arms swinging. Warming up.

We move into
Salsa with shoulders and hips.
Merengue-style walk,
Samba on tippy-toes — fast.

Joy rises, fills us.
We know things
about ourselves and each other, secrets
we could not tell even if we wanted to.
We are in phase within and without,
with someone and no-one.
We remember harmony.

At the end of the hour
Julio leaves the auditorium.
The rest of us drift to the showers
and home.

Bailando con Julio

Entra llevando gafas de sol
una gorra, pantalones cortos y camiseta.
Se sienta en la escena
poniéndose zapatos negros
con arcos elevados.
Selecciona nuestra música.

De espaldas a nosotros inicia la clase.
Todos nos mostramos en el espejo:
hombros encogidos
de arriba hacia abajo.
Hombros agitándose
para que nuestros músculos se ondulen.
Flexión — extensión.
Plié y plié reversé.
Salta el cisne hasta nuestros pies.
Caderas moviéndose en cuatro direcciones,
ocho veces cada lado.
Y luego en ondulaciones circulares.
Pasos extensos.
Brazos meciéndose, calentándonos.

Nos adentramos en el ritmo de la salsa
caderas y hombros perfilados,
pasos de merengue,
samba de puntillas — ligeros.

Una súbita alegría nos inunda.
Descubrimos cosas,
nuestras propias y de cada uno, secretos
que no podríamos decir aunque lo quisiéramos.
Estamos dentro y fuera del momento,
con alguién o con nadie.

Al final de la hora
Julio abandona la escena.
El resto de nosotros nos dejamos llevar a las duchas
y volvimos a casa.

Did You Know?

Did you know
Mother God is a salsa dancer?
Her spine loves music.
Her hips swing side to side in circles while
her gently curved arms reach high and low
wide or tight together, fast or slow.
She keeps time within her sons and daughters
in everyone and everything
near and far as stars.

¿Sabías?

¿Sabías
que La Diosa Madre es bailarina de salsa?
Su espalda ama la música.
Sus caderas balancean lado a lado en círculos
mientras sus brazos dulcemente combaduros alcanzan
alto y bajo, ancho o estrechos, ligero o pausado.
Ella manteniendo el tiempo entre sus hijos y hijas
en todos y todo,
cerca y lejos como las estrellas.

I first heard Christina Watkins read her terrible and beautiful poem "Small Brown-eyed Boy" / "Nino con ojos oscuros" about 25 years ago, and it has stayed with me ever since. Her poetry enters into and contains sky and earth and wind and heart and the wondering which marks the work of the true poet. You can read her poems in English (and while you are doing this, visit the Spanish translation and learn a new word or two) in fifteen minutes; and then you can spend hours doing your own wondering and pondering. Gracias, Christina!

Donald Grayston, theologian, soulfriend,
pilgrim, y amigo de Christina.

He leido todos estos hermosos poemas tan inspirativos y accesibles. Muchas gracias por este regalo a la comunidad, Christina.

Sayda Marin

In these finely hued poems, Christina Watkins bridges sensuous green and desert landscapes into the greater North America, speaking English and Spanish. With gentle humor and deep spirituality, she celebrates her departed mother and the advent of children. Though floors may fall away, she dances in "sometimes blue sometimes yellow or green spaces."

Bobbie and Greg Hobbs

It is a challenge to express my appreciation and the unique experience of reading and hearing Christina Watkins' poetry because it reaches deeply into the human soul, its earthly experience and the mysterious essence of life. Her verses in English and Spanish flow like a cool and clear diamond river illuminating everyday experience while transforming it into transcendent images summoning iconic moments that reach beyond time and space. Her words move beyond meaning and become vessels of hope, motion, insight and most importantly, personal evolution. This is a journey not to be missed.

Ingrid Hauss, Artist, Yoga Teacher, Poet.

Christina has published her new book of poetry which honors both her Anglo culture by birth and her Hispanic culture by choice. In these poems she nurtures the integration of spirituality and psychology as she expresses the vibrant tension of the opposites through her insightful observations of the interacting natural elements and of the inevitable tensions in human relationships. These poems are meant to be read again and again to reveal new insights each time. "Did you know Mother God is a salsa dancer?" How can you read this without wanting to get up and enter into the continuing creation dance of the Divine?

Eldon E. Shields, Consulting Psychologist.

Christina Watkins, with her geologist husband, David, has had the opportunity to live in many places and to travel widely. They have three children, four grandchildren and live in Vancouver, BC. She has taught and worked as a spiritual director in Canada, the United States, Latin America and Australia. Her poems have been published in journals in Canada and the United States.Christina Watkins, junto con su esposo el geólogo David Watkins, ha tenido la oportunidad de viajar extensamente y vivir en diferentes paises del extranjero. Tienen tres niños, cuatro nietos y viven en Vancouver, BC. Christina ha pasado una parte de su vida enseñando en Canadá, Estados Unidos, América Latina y Australia. Christina también ha trabajado como directora espiritual. Sus poemas han sido publicados en revistas canadienses y americanas.